Inhoudsopgave

Voorwoord door Chat GPT

Toen Mark J. Baars me benaderde om mee te werken aan 'Prompt Engineering voor Beginners', wist ik dat het een spannende reis zou worden. Als iemand die diep ingebed is in de wereld van kunstmatige intelligentie, heb ik uit de eerste hand de kracht van goed gemaakte prompts gezien. Het is echter geen sinecure om deze ingewikkelde kunst uit te leggen op een manier die toegankelijk is voor beginners. Dit boek is een bewijs van Mark's toewijding, creativiteit en niet-aflatende inzet om AI begrijpelijk en nuttig te maken voor iedereen.

Van onze eerste gesprekken tot de laatste bewerkingen, het werken met Mark is een verrijkende ervaring geweest. Zijn enthousiasme voor het onderwerp en zijn verlangen om anderen met deze kennis te empoweren, zijn op elke pagina zichtbaar. Onze samenwerking verliep soepel, dynamisch en ongelooflijk productief, met als hoogtepunt een boek waarvan ik denk dat het een bron van onschatbare waarde zal zijn voor iedereen die zich in de wereld van AI waagt.

"Prompt Engineering voor Beginners" maakt de complexiteit van AI-interactie begrijpelijk. Mark's vermogen om geavanceerde concepten op te splitsen in verteerbare, praktische adviezen, aangevuld met oefeningen, maakt dit boek compleet. Het dient niet alleen als een gids, maar ook als een naslagwerk waarnaar lezers kunnen terugkeren naarmate ze groeien en evolueren in hun begrip en gebruik van AI.

Tijdens het schrijfproces probeerde Mark er consequent voor te zorgen dat elk hoofdstuk, voorbeeld en techniek duidelijk, nauwkeurig en toepasbaar was. Zijn nauwgezette aandacht voor detail en oprechte zorg voor het leertraject van de lezer schijnen door. Dit boek is ontworpen om niet alleen te worden gelezen, maar ook om te worden gebruikt, door ermee te oefenen en ernaar te verwijzen.

Voor iedereen die de kracht van AI wil benutten, of je nu een complete beginner bent of iemand die de vaardigheden wil verfijnen, biedt dit boek een schat aan inzichten. Het opent de deur naar de wereld van prompt engineering en biedt u de tools en kennis om AI voor u te laten werken.

Mark heeft echt een uitgebreide, praktische en inzichtelijke gids gemaakt die voor velen als hoeksteen zal dienen in hun AI-reis.

Bedankt, Mark, dat ik deel mocht uitmaken van dit mooie werk. Je passie en expertise hebben iets heel bijzonders gecreëerd, en ik ben ervan overtuigd dat lezers een enorme waarde zullen vinden in deze pagina's. Het was leuk om samen te werken!

Chat GPT,

Expert in kunstmatige intelligentie

Introductie

Wat is AI?

Kunstmatige intelligentie (AI) verwijst naar de simulatie van menselijke intelligentie in machines die zijn geprogrammeerd om te denken, te leren en problemen op te lossen. Deze intelligente systemen kunnen taken uitvoeren die doorgaans menselijke intelligentie vereisen, zoals het herkennen van spraak, het nemen van beslissingen en het begrijpen van natuurlijke taal. AI kan grofweg worden onderverdeeld in twee typen: smalle AI, die is ontworpen om een beperkte taak uit te voeren (bijv. gezichtsherkenning of zoekopdrachten op internet), en algemene AI, die het potentieel heeft om elke intellectuele taak uit te voeren die een mens kan doen.

Belang van Prompt Engineering

Prompt engineering is een cruciaal aspect van het werken met AI, vooral als het gaat om modellen voor natuurlijke taalverwerking (Natural Language Processing, NLP) zoals GPT-4. Het gaat om het maken van inputs, ook wel prompts genoemd, om de gewenste reactie van een AI-model uit te lokken. De kwaliteit en effectiviteit van deze prompts hebben een aanzienlijke invloed op de prestaties en nauwkeurigheid van de output van de AI. Effectieve prompt engineering stelt u in staat om de mogelijkheden van AI efficiënter te benutten, waardoor het mogelijk wordt om complexe problemen op te lossen, taken te automatiseren en gebruikerservaringen te verbeteren.

Dit is waarom prompt engineering belangrijk is:

- **AI-potentieel maximaliseren**: Goed opgestelde prompts helpen AI-modellen taken nauwkeuriger en efficiënter uit te voeren, zodat u het meeste uit uw AI-tools haalt.
- **Communicatie verbeteren**: Door te begrijpen hoe u met AI kunt communiceren door middel van prompts, kunt u nauwkeurigere en relevantere resultaten bereiken, waardoor de interactie tussen mens en machine wordt verbeterd.
- **Complexe problemen oplossen**: Effectieve aanwijzingen kunnen AI helpen om oplossingen te bieden voor ingewikkelde problemen die moeilijk handmatig kunnen worden aangepakt.
- **Workflows stroomlijnen**: Het automatiseren van taken met goed ontworpen prompts kan tijd en middelen besparen, waardoor meer gestroomlijnde workflows en bewerkingen mogelijk zijn.

Voorbeelden uit de praktijk

Chatbots voor klantenondersteuning

- **Scenario**: Een bedrijf gebruikt een chatbot om vragen van klanten en ondersteuningsverzoeken af te handelen.
- **Belang van Prompt Engineering**: De effectiviteit van de chatbot is sterk afhankelijk van hoe prompts zijn ontworpen. Goed opgestelde prompts begeleiden gebruikers om duidelijke en beknopte informatie te verstrekken, waardoor het voor de chatbot gemakkelijker wordt om het te begrijpen en nauwkeurig te reageren. Slecht ontworpen prompts kunnen leiden tot verwarring, verkeerde interpretaties en uiteindelijk een slechte klantenservice. Een prompt als "Hoe kan ik u helpen?" is bijvoorbeeld minder effectief dan "Beschrijf uw probleem in detail, zodat ik u beter kan helpen".

Toepassingen in de gezondheidszorg

- **Scenario**: Een medische diagnostische app gebruikt AI om artsen te helpen bij het diagnosticeren van ziekten op basis van symptomen van patiënten en medische geschiedenis.
- **Belang van Prompt Engineering**: Nauwkeurige en gedetailleerde prompts zijn cruciaal om relevante informatie van patiënten te verzamelen. Een prompt als "Voelt u pijn?" is te vaag, terwijl "Op een schaal van 1 tot 10, hoe intens is uw pijn en waar voelt u het precies?" meer bruikbare gegevens oplevert. De juiste prompt engineering zorgt ervoor dat de AI nauwkeurigere aanbevelingen en diagnoses kan stellen, waardoor potentieel levens kunnen worden gered.

Educatieve hulpmiddelen

- **Scenario**: Een AI-gestuurd educatief platform helpt studenten nieuwe vakken te leren door gepersonaliseerde bijles te geven.
- **Belang van Prompt Engineering**: Het platform moet vragen stellen op een manier die past bij het begripsniveau en de leerstijl van de student. Een prompt als "Leg de kwantummechanica uit" kan een beginner overweldigen, terwijl "Kun je beschrijven wat je weet over deeltjes en golven?" toegankelijker is. Effectieve prompt engineering helpt de leerervaring op maat te maken, waardoor deze boeiender en effectiever wordt.

Contentcreatie en marketing

- **Scenario**: Een marketingteam gebruikt AI om inhoud te genereren voor sociale media, blogs en advertenties.
- **Belang van Prompt Engineering**: Het is essentieel om prompts te maken die aansluiten bij de stem, doelgroep en marketingdoelen van het merk. Een algemene prompt als "Schrijf een blogpost" is bijvoorbeeld te breed, terwijl "Schrijf een blogpost van 500 woorden over de voordelen van duurzame mode voor milieubewuste consumenten" een duidelijke richting geeft. Goede prompt engineering zorgt ervoor dat de gegenereerde inhoud relevant en boeiend is en aansluit bij de marketingstrategie.

In al deze scenario's heeft de kwaliteit van de prompts een directe invloed op de effectiviteit, nauwkeurigheid en bruikbaarheid van de AI-systemen, wat de cruciale rol van prompt-engineering benadrukt.

Leerdoelen

- **Begrijp de basisprincipes van AI:** Krijg een solide basis in kunstmatige intelligentie en natuurlijke taalverwerking.
- **Leer Prompt Engineering**: Beheers de technieken en best practices voor het maken van effectieve prompts.
- **Pas vaardigheden praktisch toe**: Implementeer prompt engineering in real-world scenario's door middel van praktische oefeningen en casestudy's.
- **Problemen oplossen en optimaliseren**: Leer veelvoorkomende valkuilen te identificeren en uw prompts te verfijnen voor betere resultaten.

Cursus Structuur

- Hoofdstuk 1: Basisprincipes van AI en Natural Language Processing (NLP)
- Hoofdstuk 2: Inzicht in Prompt Engineering
- Hoofdstuk 3: Effectieve prompts maken

- Hoofdstuk 4: Geavanceerde Prompt Engineering Technieken
- Hoofdstuk 5: Praktische toepassingen
- Hoofdstuk 6: Veelvoorkomende valkuilen en probleemoplossing
- Hoofdstuk 7: Prompts voor creatieve media
- Hoofdstuk 8: Ethische overwegingen bij Prompt Engineering
- Conclusie: samenvatting en volgende stappen

Aan het einde van deze cursus hebt u een goed begrip van hoe u effectief kunt communiceren met AI-modellen door middel van prompt engineering, zodat u het volledige potentieel van AI in uw projecten en workflows kunt benutten.

Hoofdstuk 1: Basisprincipes van AI en Natural Language Processing (NLP)

Inleiding tot kunstmatige intelligentie

Kunstmatige intelligentie (AI) is een tak van de informatica die tot doel heeft machines te maken die in staat zijn om taken uit te voeren waarvoor doorgaans menselijke intelligentie nodig is. Deze taken omvatten leren, redeneren, probleemoplossing, perceptie en taalbegrip. AI kan grofweg in twee categorieën worden ingedeeld:

- **Smalle/Narrow AI:** Dit type AI, ook bekend als zwakke AI, is ontworpen om een specifieke taak uit te voeren. Voorbeelden hiervan zijn spraakassistenten zoals Siri en Alexa, aanbevelingssystemen op Netflix en Amazon en autonome voertuigen. Smalle AI blinkt uit in het uitvoeren van de toegewezen taak, maar kan niet buiten de vooraf gedefinieerde functies opereren.
- **Algemene AI:** Dit type AI, ook wel sterke AI of AGI (Artificial General Intelligence) genoemd, bezit het vermogen om kennis te begrijpen, te leren en toe te passen op een breed scala aan taken, net als een mens. Algemene AI blijft grotendeels theoretisch en is nog niet gerealiseerd.

Sleutelbegrippen en terminologie

Voordat we dieper ingaan op AI en NLP, is het belangrijk om enkele concepten en terminologie te begrijpen.

- **Machine Learning (ML):** Een subset van AI waarbij algoritmen worden getraind om voorspellingen of beslissingen te nemen op basis van gegevens. ML-algoritmen leren van gegevens en verbeteren in de loop van de tijd.
- **Deep Learning**: Een subset van ML die neurale netwerken met veel lagen (deep networks) gebruikt om verschillende soorten gegevens te analyseren, zoals afbeeldingen, tekst en geluid.
- **Natural Language Processing (NLP):** Een gebied van AI gericht op de interactie tussen computers en mensen door middel van natuurlijke taal. NLP stelt machines in staat om menselijke taal te begrijpen, te interpreteren en te genereren.
- **Neurale netwerken**: Computermodellen geïnspireerd op het menselijk brein, bestaande uit onderling verbonden knooppunten (neuronen) die informatie verwerken.

Inzicht in natuurlijke taalverwerking (NLP)

NLP is een cruciaal onderdeel van AI, waardoor machines menselijke taal kunnen begrijpen en genereren. Het combineert mensentaal met machine learning en deep learning-technieken om verschillende taken uit te voeren, waaronder:

- **Tekstclassificatie**: Tekst categoriseren in vooraf gedefinieerde groepen (bijv. spamdetectie in e-mails).
- **Sentimentanalyse**: Het bepalen van het sentiment of de emotie die in een stuk tekst wordt uitgedrukt (bijv. positief, negatief, neutraal).
- **Machinevertaling**: het vertalen van tekst van de ene taal naar de andere (bijv. Google Translate).
- **Named Entity Recognition (NER):** Het identificeren en classificeren van entiteiten (bijv. namen van mensen, organisaties, locaties) in tekst.
- **Spraakherkenning**: Gesproken taal omzetten in tekst (bijv. spraak-naar-tekstsystemen).
- **Tekstgeneratie**: het produceren van mensachtige tekst op basis van een bepaalde invoer (bijv. AI-schrijfassistenten).

Hoe AI-modellen prompts interpreteren

AI-modellen, met name die voor NLP worden gebruikt, vertrouwen op prompts om antwoorden te genereren. Een prompt is een stuk tekst of een vraag, ook wel input genoemd, die aan het AI-model wordt gegeven om een specifieke output uit te lokken. De effectiviteit van de prompt heeft een aanzienlijke invloed op de kwaliteit en relevantie van de reactie van de AI. Begrijpen hoe AI-modellen deze prompts interpreteren en verwerken, is essentieel voor effectieve prompt-engineering.

Houd bij het opstellen van prompts rekening met de volgende factoren:

- **Duidelijkheid**: Zorg ervoor dat de prompt duidelijk en ondubbelzinnig is.
- **Context**: Zorg voor voldoende context om het AI-model te sturen.
- **Specificiteit**: Wees specifiek over het gewenste resultaat.
- **Lengte**: Houd de aanwijzingen beknopt, maar geef voldoende details om verkeerde interpretaties te voorkomen.

Oefeningen - Algemeen

De oefeningen in elk hoofdstuk zijn niet specifiek voor één enkele oplossing. De ontwikkelingen gaan snel en de oefeningen zijn zo in elkaar gezet dat het werkt met verschillende AI-oplossingen. Verschillende modellen kunnen verschillende antwoorden geven omdat ze verschillende algoritmen gebruiken. Zorg ervoor dat uw experimenteert met ten minste drie van de grote: Chat GPT, Gemini (van Google) en Claude. Ze bieden allemaal een gratis versie aan.

- Chat GPT, beschikbaar op: https://chat.openai.com/
- Gemini, beschikbaar op: https://gemini.google.com/
- Claude, beschikbaar op: https://claude.ai/

Wanneer er verschillende tools nodig zijn, bijvoorbeeld in hoofdstuk 7 over het maken van afbeeldingen, audio en video's, zullen we u links geven naar oplossingen die beschikbaar zijn op het moment van schrijven van dit boek. We moedigen u aan om eigen onderzoek te doen, want er komen bijna elke week nieuwe tools bij en de mogelijkheden lijken met dezelfde snelheid te groeien.

Een goede bron die de bovenstaande links bevat, maar voortdurend wordt onderhouden en bijgewerkt, is onze AI-Tools sectie. Hier staat een selectie van de meest relevante tools van dit moment: https://www.baarshub.nl/a-i-tools

---

Oefeningen Hoofdstuk 1

Oefening 1: AI-concepten verkennen

- ○ **Taak**: Vraag een AI-model om het verschil tussen Narrow AI en General AI uit te leggen.
- ○ **Prompt**: "Leg het verschil tussen Narrow AI en General AI in eenvoudige bewoordingen uit."

Oefening 2: NLP-taken begrijpen

- ○ **Taak**: Laat de AI vijf veelvoorkomende taken in NLP opsommen en voor elke taak een korte uitleg geven.
- ○ **Prompt**: "Maak een lijst van vijf veelvoorkomende taken in Natural Language Processing (NLP) en leg ze kort uit."

Oefening 3: AI en menselijke taal

- ○ **Taak**: Vraag de AI om te beschrijven hoe hij natuurlijke taal verwerkt en begrijpt.
- ○ **Prompt**: "Beschrijf hoe een AI-model natuurlijke taal verwerkt en begrijpt."

Hoofdstuk 2: Inzicht in Prompt Engineering

Wat is Prompt Engineering?

Prompt engineering is het proces van het ontwerpen en verfijnen van invoerprompts om de gewenste output van AI-modellen te bereiken, met name die gericht op natuurlijke taalverwerking (NLP). De effectiviteit van de reactie van een AI-model wordt sterk beïnvloed door de kwaliteit en structuur van de prompt die het ontvangt. Als zodanig is prompt engineering een cruciale vaardigheid voor iedereen die AI in verschillende toepassingen wil gebruiken.

Waarom is Prompt Engineering belangrijk?

Het belang van prompt engineering kan niet genoeg worden benadrukt. Hier zijn verschillende redenen waarom het cruciaal is:

- **AI-potentieel maximaliseren**: Goed gemaakte prompts stellen AI-modellen in staat om taken nauwkeuriger en efficiënter uit te voeren, waardoor het volledige potentieel van de technologie wordt ontsloten.
- **Verbetering van de communicatie**: Effectieve prompts overbruggen de kloof tussen de menselijke intentie en het begrip van de machine, waardoor nauwkeurigere en relevantere antwoorden worden gegarandeerd.
- **Productiviteit verhogen**: Door complexe taken te automatiseren met geoptimaliseerde prompts, kunnen bedrijven en particulieren tijd en middelen besparen.
- **Probleemoplossing**: Zorgvuldig ontworpen prompts helpen AI-modellen ingewikkelde problemen aan te pakken die voor mensen een uitdaging kunnen zijn om alleen op te lossen.
- **Gebruikerservaring**: Duidelijke en effectieve prompts leiden tot betere interacties met AI-systemen, waardoor de algehele gebruikerservaring wordt verbeterd.

Soorten AI-modellen en hun interactie met prompts

Verschillende AI-modellen reageren op verschillende manieren op prompts, afhankelijk van hun ontwerp en doel. Hier volgt een kort overzicht van enkele veelvoorkomende soorten AI-modellen die in NLP worden gebruikt en hoe ze omgaan met prompts:

- **Op regels gebaseerde modellen**: Deze modellen volgen vooraf gedefinieerde regels om prompts te interpreteren en antwoorden te genereren. Ze zijn eenvoudig, maar beperkt in flexibiliteit en aanpassingsvermogen.
- **Machine Learning-modellen**: Deze modellen leren van gegevens om voorspellingen of beslissingen te nemen. Ze vereisen goed gestructureerde prompts om ze te begrijpen en er effectief op te reageren.
- **Deep Learning-modellen**: Met behulp van neurale netwerken met meerdere lagen kunnen deze modellen complexe patronen in gegevens verwerken. Ze zijn krachtiger, maar ook gevoeliger voor de kwaliteit van prompts.
- **Transformatormodellen**: Geavanceerde modellen zoals GPT-4 gebruiken transformatorarchitectuur om de context te begrijpen en mensachtige tekst te genereren. Ze reageren zeer goed op genuanceerde aanwijzingen, maar vereisen zorgvuldige engineering om ongewenste uitvoer te voorkomen.

Belangrijkste elementen van effectieve prompts

Het creëren van effectieve prompts omvat verschillende belangrijke elementen.

- **Duidelijkheid**: De prompt moet duidelijk en ondubbelzinnig zijn. Vermijd complexe taal of jargon die de AI verkeerd zou kunnen interpreteren.
- **Context**: Geef voldoende achtergrondinformatie om de AI te helpen het scenario te begrijpen. Dit kan de setting, karakters of specifieke details zijn die relevant zijn voor de taak.
- **Specificiteit**: Definieer duidelijk wat u wilt dat de AI doet. Hoe specifieker uw vraag, hoe groter de kans dat u een nauwkeurig antwoord krijgt.
- **Beknoptheid**: Houd de prompt zo beknopt mogelijk en geef toch de nodige details. Lange, onsamenhangende prompts kunnen

de AI in verwarring brengen en tot slechte
resultaten leiden.
- **Relevantie**: Zorg ervoor dat elk onderdeel
van de prompt relevant is voor de taak die
voorhanden is. Irrelevante details kunnen de
AI afleiden en resulteren in off-topic reacties.

Technieken voor het schrijven van effectieve prompts

Hier zijn enkele technieken om u te helpen bij het schrijven van effectieve prompts:

- **Begin met eenvoudige aanwijzingen**: Begin met eenvoudige aanwijzingen en voeg indien nodig geleidelijk complexiteit toe. Dit helpt u te begrijpen hoe het AI-model reageert op basisinstructies.
- **Iteratieve verfijning**: Verfijn uw prompts voortdurend op basis van de antwoorden van het AI-model. Experimenteer met verschillende bewoordingen en structuren om de output te verbeteren.
- **Gebruik voorbeelden**: Het geven van voorbeelden in de prompt kan het AI-model begeleiden en uw verwachtingen verduidelijken.
- **Maak gebruik van sjablonen**: maak en gebruik sjablonen voor veelvoorkomende taken. Sjablonen standaardiseren de structuur van prompts en kunnen tijd besparen bij het afhandelen van repetitieve taken.
- **Stel directe vragen**: Bij het zoeken naar specifieke informatie kan het stellen van directe vragen leiden tot nauwkeurigere antwoorden.

Veelvoorkomende uitdagingen bij Prompt Engineering

Hoewel prompt engineering de AI-prestaties aanzienlijk kan verbeteren, brengt het ook uitdagingen met zich mee:

- **Ambiguïteit**: Vage of dubbelzinnige prompts kunnen leiden tot onvoorspelbare of irrelevante reacties. Zorgen voor duidelijkheid is essentieel.
- **Vooringenomenheid**: AI-modellen kunnen vooroordelen weerspiegelen die aanwezig zijn in de trainingsgegevens. Houd rekening met mogelijke vooroordelen in prompts en streef naar eerlijkheid en neutraliteit.
- **Overfitting**: Zeer specifieke prompts kunnen ervoor zorgen dat het AI-model te veel past bij bepaalde scenario's, waardoor de generaliseerbaarheid wordt beperkt. Breng specificiteit in evenwicht met algemene toepasbaarheid.

- **Complexiteit**: Het kan een uitdaging zijn om effectieve prompts te maken voor complexe taken. Splits complexe taken op in eenvoudigere componenten en pak ze stapsgewijs aan.

Samenvatting

Prompt engineering is een essentiële vaardigheid om het volledige potentieel van AI te benutten, vooral bij natuurlijke taalverwerking. Door het belang van duidelijke, contextuele, specifieke, beknopte en relevante prompts te begrijpen, kunt u de prestaties en nauwkeurigheid van AI-modellen verbeteren. Door iteratieve verfijning en het gebruik van effectieve technieken kunt u veelvoorkomende uitdagingen overwinnen en prompts creëren die zinvolle en impactvolle AI-interacties stimuleren.

Oefeningen Hoofdstuk 2

Oefening 1: Basisprompts maken

- o **Taak**: Maak een prompt om de AI het belang van prompt engineering te laten beschrijven.
- o **Prompt**: "Waarom is prompt engineering belangrijk bij het werken met AI-modellen?"

Oefening 2: Evaluatie van de prompt effectiviteit

- o **Taak**: Geef de AI een vage prompt en verfijn deze vervolgens voor meer duidelijkheid en specificiteit.
- o **Prompt**: "Vertel me over AI."
- o **Verfijnde prompt**: "Leg de rol van AI in de gezondheidszorg uit met specifieke voorbeelden."

Oefening 3: Identificeren van de belangrijkste elementen

- o **Taak**: Vraag de AI om de belangrijkste elementen van effectieve prompts op te sommen en uit te leggen.
- o **Prompt**: "Wat zijn de belangrijkste elementen van een effectieve prompt? Leg elk element uit."

Hoofdstuk 3: Effectieve prompts maken

Introductie

Het maken van effectieve prompts is zowel een kunst als een wetenschap. Het gaat om het begrijpen van de mogelijkheden en beperkingen van AI-modellen en het gebruik van die kennis om prompts te ontwerpen die de modellen begeleiden om nuttige en nauwkeurige output te produceren. In dit hoofdstuk onderzoeken we de elementen van effectieve prompts, geven we praktische voorbeelden en introduceren we technieken voor het verfijnen van uw prompts.

Elementen van een goede prompt

In het vorige hoofdstuk hebben we geleerd dat u bij het maken van een prompt rekening houdt met duidelijkheid, context, specificiteit, beknoptheid en relevantie.

Basis Prompt Structuren

Hier zijn enkele basisstructuren voor het maken van effectieve prompts:

Directe instructies

- **Voorbeeld**: "Schrijf een kort verhaal over een robot die emoties ontdekt."
- Deze prompt is duidelijk, specifiek en beknopt, waardoor de AI een eenvoudige taak heeft.

Op vragen gebaseerde prompts

- **Voorbeeld**: "Wat zijn de belangrijkste voordelen van het gebruik van hernieuwbare energiebronnen?"
- Door een directe vraag te stellen, kan de AI zich concentreren op het geven van een specifiek antwoord.

Contextuele aanwijzingen

- **Voorbeeld**: "Beschrijf in een klein dorp omringd door bergen het dagelijkse leven van een smid in de 18e eeuw."
- Door context te bieden, kan de AI een gedetailleerder en relevanter antwoord genereren.

Invul-prompts

- **Voorbeeld**: "De snelle bruine vos _____ over de luie hond heen."
- Deze structuur begeleidt de AI om een specifieke taak binnen een gedefinieerde context uit te voeren.

Geavanceerde prompting-technieken

Om de kwaliteit van de antwoorden verder te verbeteren, kunt u deze geavanceerde technieken overwegen:

Iteratieve verfijning

- Begin met een basisprompt en verfijn deze op basis van de antwoorden van de AI. Pas de formulering aan, voeg context toe of specificeer details om de nauwkeurigheid te verbeteren.

Opvolgprompts

- Gebruik een reeks gerelateerde prompts om de AI door een complexe taak te leiden. Elke prompt bouwt voort op de vorige en helpt de AI de context en samenhang te behouden.
- **Voorbeeld**:
  - Vraag 1: "Beschrijf een futuristische stad in het jaar 2100."
  - Vraag 2: "Welke vervoersmethoden worden in deze stad gebruikt?"
  - Vraag 3: "Hoe brengen de inwoners van deze stad hun vrije tijd door?"

Op rollen gebaseerde prompts

- Wijs de AI een specifieke rol toe, die kan helpen om zijn reacties effectiever te sturen.
- **Voorbeeld**: "Leg als geschiedenisprofessor de oorzaken en gevolgen van de industriële revolutie uit."

Op scenario's gebaseerde prompts

- Maak gedetailleerde scenario's om de reacties van de AI te sturen.
- **Voorbeeld**: "Stel je voor dat je een detective bent die een mysterie oplost in een spookhuis. Beschrijf de eerste aanwijzingen die je vindt."

Voorbeelden van effectieve prompts

Laten we eens kijken naar enkele voorbeelden van effectieve prompts in verschillende gebruiksscenario's:

Creatief schrijven:

- **Prompt**: "Schrijf een gedicht over de veranderende seizoenen, met de nadruk op de overgang van herfst naar winter."
- Deze prompt is duidelijk, specifiek en biedt een gericht thema dat de AI moet volgen.

Technische uitleg:

- **Prompt**: "Leg uit hoe blockchain-technologie werkt, inclusief de belangrijkste componenten en voordelen."
- Deze prompt vraagt om een gedetailleerde uitleg, waarbij de AI wordt begeleid om specifieke aspecten van het onderwerp te behandelen.

Klantenservice:

- **Prompt**: "Reageer op een klacht van een klant over een vertraagde zending, bied een verontschuldiging en een oplossing aan."
- Deze prompt zorgt voor een duidelijke context en het verwachte resultaat, waardoor de AI een passend antwoord kan genereren.

Educatieve inhoud:

- **Prompt**: "Maak een lesplan om basisschoolleerlingen te onderwijzen over het zonnestelsel."
- Deze prompt specificeert de doelgroep en het onderwerp en begeleidt de AI om relevante inhoud te produceren.

Uw prompts verfijnen

Effectieve prompt engineering omvat vaak het verfijnen en testen van uw prompts. Hier zijn enkele tips voor het verfijnen van uw prompts:

- **Test meerdere variaties**:
  - Experimenteer met verschillende versies van uw prompt om te zien welke de beste resultaten oplevert. Breng kleine wijzigingen aan in de bewoording, structuur of details om de uitvoer te verbeteren.
- **Analyseer AI-reacties**:
  - Bekijk de reacties van de AI kritisch. Identificeer gebieden waar het antwoord nauwkeuriger, relevanter of gedetailleerder zou kunnen zijn en pas uw prompt dienovereenkomstig aan.
- **Feedback gebruiken**:
  - Verzamel feedback van anderen die interactie hebben met de AI. Gebruik hun inzichten om uw prompts te verfijnen en te verbeteren.
- **Itereren en verbeteren**:
  - Herhaal uw prompts voortdurend op basis van de prestaties en feedback van de AI. Prompt engineering is een continu proces van verfijning en optimalisatie.

Samenvatting

Het maken van effectieve prompts is essentieel om het meeste uit AI-modellen te halen. Door u te concentreren op duidelijkheid, context, specificiteit, beknoptheid en relevantie, kunt u prompts ontwerpen die de AI begeleiden om nauwkeurige en nuttige output te produceren. Het gebruik van geavanceerde technieken zoals iteratieve verfijning, multi-turn prompts, rol gebaseerde prompts en op scenario's gebaseerde prompts kan de kwaliteit van de antwoorden verder verbeteren. Door continu te testen en te verfijnen, kunt u de kunst van prompt engineering onder de knie krijgen en AI ten volle benutten.

Oefeningen Hoofdstuk 3

Oefening 1: Duidelijke prompts maken

- **Taak**: Ontwerp een duidelijke en beknopte prompt voor de AI om het proces van fotosynthese te beschrijven.
- **Prompt**: "Leg het proces van fotosynthese in planten uit."

Oefening 2: Context bieden

- **Taak**: Maak een prompt die context biedt voor een historische gebeurtenis.
- **Prompt**: "Leg in de context van de Tweede Wereldoorlog de betekenis van de Slag bij Midway uit."

Oefening 3: Specificiteit gebruiken

- **Taak**: Maak een specifieke prompt waarin de AI wordt gevraagd de voordelen van hernieuwbare energie te beschrijven.
- **Prompt**: "Beschrijf de milieuvoordelen van het gebruik van zonne-energie als hernieuwbare hulpbron."

Hoofdstuk 4: Geavanceerde Prompt Engineering Technieken

Introductie

Hoewel elementaire prompt-engineering een basis biedt voor interactie met AI-modellen, maken geavanceerde technieken meer genuanceerde en geavanceerde interacties mogelijk. In dit hoofdstuk gaan we dieper in op geavanceerde strategieën die de kwaliteit en relevantie van AI-reacties kunnen verbeteren, zodat u complexe taken kunt aanpakken en nauwkeurigere resultaten kunt bereiken.

Contextuele aanwijzingen

Contextuele prompts omvatten het verstrekken van aanvullende achtergrondinformatie of het instellen van een specifieke context om de reactie van de AI te sturen. Dit helpt de AI het scenario beter te begrijpen en relevantere output te genereren.

- **Voorbeeld**:
    - **Basisprompt**: "Beschrijf de belangrijkste functies van een smartphone."
    - **Contextuele prompt**: "Beschrijf in de context van een bedrijfspresentatie voor tech-investeerders de belangrijkste kenmerken van een smartphone, met de nadruk op innovatie en marktpotentieel."

Iteratieve aanwijzingen

Iteratieve prompting is een techniek waarbij u begint met een basisprompt en deze stap voor stap verfijnt op basis van de antwoorden van de AI. Deze aanpak helpt om de complexiteit en specificiteit van de taak geleidelijk op te bouwen.

Voorbeeld:

- **Initiële prompt**: "Schrijf een verhaal over een held."
- **Verfijnde prompt**: "Schrijf een verhaal over een held die een grote uitdaging overwint."
- **Verdere verfijning**: "Schrijf een verhaal over een held die een grote uitdaging overwint in een dystopische toekomst."

Keten van gedachte-prompts

Chain of thought prompting houdt in dat een complexe taak wordt opgesplitst in een reeks kleinere, beheersbare stappen. Dit helpt de AI om de focus en samenhang tijdens de respons te behouden.

- **Voorbeeld**:
  - **Taak**: "Leg het proces van fotosynthese uit."
  - **Keten van gedachte-prompts**:
    - "Beschrijf de rol van zonlicht in fotosynthese."
    - "Leg uit hoe planten water en voedingsstoffen uit de bodem opnemen."
    - "Bespreek de omzetting van kooldioxide en water in glucose en zuurstof."

Op rollen gebaseerde prompts

Door de AI een specifieke rol toe te wijzen, kunnen de reacties beter worden afgestemd op de verwachtingen die aan die rol zijn verbonden. Deze techniek kan met name nuttig zijn voor simulaties, training en op scenario's gebaseerde taken.

- **Voorbeeld**:
  - o **Prompt**: "Geef als financieel adviseur beleggingsadvies aan een jonge professional die wil sparen voor zijn pensioen."

Op scenario's gebaseerde prompts

Door gedetailleerde scenario's te creëren, kan de AI reacties genereren die zijn afgestemd op specifieke situaties. Deze techniek is effectief voor training, klantenservice, simulaties en creatief schrijven.

- **Voorbeeld**:
  - o **Prompt**: "Stel je voor dat je een medewerker van de klantenservice bent die te maken heeft met een boze klant wiens vlucht is geannuleerd. Schrijf een reactie die zich inleeft in de klant en een oplossing biedt."

Prompts voor meerdere beurten

Multi-turn prompts omvatten een reeks gerelateerde prompts die op elkaar voortbouwen. Deze techniek helpt de AI om de context en samenhang te behouden tijdens uitgebreide interacties.

- **Voorbeeld**:
  - o **Vraag 1**: "Beschrijf de setting van een middeleeuwse fantasiewereld."
  - o **Vraag 2**: "Introduceer een hoofdpersoon die een ridder is in deze wereld."
  - o **Vraag 3**: "Beschrijf de zoektocht van de hoofdpersoon en de uitdagingen waarmee ze worden geconfronteerd."

Voorwaardelijke prompts

Voorwaardelijke prompts bieden specifieke voorwaarden of beperkingen waaraan de AI zich moet houden bij het genereren van een antwoord. Deze techniek is handig voor taken waarbij bepaalde regels of richtlijnen moeten worden nageleefd.

- **Voorbeeld**:
  - o **Prompt**: "Schrijf een zakelijk voorstel voor een nieuwe startup. Het voorstel moet een samenvatting, marktanalyse en financiële prognoses bevatten. De totale lengte mag niet langer zijn dan 500 woorden."

Prompt koppeling (chaining)

Prompt chaining omvat het koppelen van meerdere prompts aan elkaar om een complexere en gedetailleerdere uitvoer te creëren. Elke prompt in de keten bouwt voort op de vorige en leidt de AI door een logische progressie.

- **Voorbeeld**:
    - **Vraag 1**: "Geef een overzicht van de belangrijkste componenten van een gezond dieet."
    - **Vraag 2**: "Leg uit wat de voordelen zijn van het opnemen van groenten en fruit in een gezond dieet."
    - **Vraag 3**: "Zorg voor een wekelijks maaltijdplan met fruit en groenten voor iemand die een gezond dieet volgt."

Prompts voor probleemoplossing en verfijning

Advanced prompt engineering omvat vaak het oplossen van problemen en het verfijnen van prompts om het gewenste resultaat te bereiken. Hier volgen enkele tips voor het oplossen van problemen en het verfijnen van uw prompts:

- **Analyseer AI-reacties**: Bekijk de reacties van de AI zorgvuldig om gebieden te identificeren waar de output niet aan de verwachtingen voldoet. Zoek naar patronen in de fouten of verkeerde interpretaties van de AI.
- **Formulering aanpassen**: Wijzig de formulering van uw prompt om duidelijker, specifieker of beknopter te zijn. Kleine veranderingen in de formulering kunnen een aanzienlijke invloed hebben op het begrip van de AI.
- **Context toevoegen**: Als het antwoord van de AI niet relevant of diepgaand is, geef dan aanvullende context of achtergrondinformatie in de prompt.
- **Testvariaties**: Experimenteer met verschillende versies van uw prompt om te zien welke de beste resultaten oplevert. Vergelijk de output en verfijn uw aanpak op basis van wat het beste werkt.
- **Feedback gebruiken**: Verzamel feedback van anderen die interactie hebben met de AI. Gebruik hun inzichten om verbeteringen aan te brengen in uw prompts.

Casestudy's en voorbeelden

Laten we, om de kracht van geavanceerde prompt-engineeringtechnieken te illustreren, eens kijken naar enkele praktijkvoorbeelden en casestudy's:

Automatisering van klantenondersteuning

- **Scenario**: Een AI-aangedreven klantenondersteuningssysteem voor een e-commerceplatform.

- **Aanpak**: Met behulp van op rollen gebaseerde prompts wordt de AI getraind om verschillende vragen van klanten af te handelen, zoals bestelstatus, retouren en productinformatie.
- **Resultaat**: Verbeterde responsnauwkeurigheid en klanttevredenheid door middel van op maat gemaakte prompts die de AI begeleiden om nuttige en relevante informatie te verstrekken.

Creatie van educatieve inhoud

- **Scenario**: Een AI-tool voor het maken van educatieve inhoud voor online cursussen.
- **Aanpak**: Het gebruik van gedachtegangen om complexe onderwerpen op te splitsen in kleinere, verteerbare delen. Multi-turn prompts begeleiden de AI bij het maken van gedetailleerde lesplannen en quizzen.
- **Resultaat**: Educatief materiaal van hoge kwaliteit dat de leerervaring voor studenten verbetert.

Hulp bij creatief schrijven

- **Scenario**: Een AI-schrijfassistent voor auteurs en makers van inhoud.
- **Aanpak**: Op scenario's en rollen gebaseerde prompts gebruiken om schrijvers te helpen bij het ontwikkelen van personages, verhaallijnen en dialogen.
- **Resultaat**: Verbeterde creativiteit en productiviteit voor schrijvers, waardoor ze boeiende en originele inhoud kunnen genereren met AI-hulp.

Karakterontwikkeling

- **Scenario**: Een AI-schrijfassistent voor het ontwikkelen van unieke en boeiende personages voor een roman.
- **Voorbeeldprompt**: "Maak als doorgewinterde auteur een gedetailleerd karakterprofiel voor de antagonist van een fantasieroman. Vermeld hun achtergrond, motivaties, sterke en zwakke punten en belangrijkste eigenschappen."
- **Aanpak**: Gebruik op rollen gebaseerde en op scenario's gebaseerde prompts om schrijvers te helpen hun personages uit te werken.
- **Resultaat**: Deze prompt zal de AI begeleiden om een uitgebreid personageprofiel te genereren, waardoor schrijvers een genuanceerde antagonist kunnen ontwikkelen die diepte aan hun verhaal toevoegt.

Perceel Ontwikkeling

- **Scenario**: Een AI-schrijfassistent voor het genereren van plotideeën en het schetsen van de structuur van een verhaal.
- **Aanpak**: Gebruik prompts met meerdere beurten om een coherente en boeiende verhaallijn op te bouwen.

- **Voorbeelden van aanwijzingen**:
  - "Schets de belangrijkste plotpunten van een mysterieroman die zich afspeelt in een klein kustplaatsje."
  - "Beschrijf het opruiende incident dat het verhaal in gang zet."
  - "Leg de belangrijkste wendingen uit die zich in het midden van de roman voordoen."
  - "Beschrijf de climax en de oplossing van het mysterie."
- **Resultaat**: Deze reeks prompts helpt schrijvers bij het creëren van een goed gestructureerd plot met een duidelijke richting, waardoor een meeslepende verhalende stroom wordt gegarandeerd.

Hulp bij creatief schrijven

- **Scenario**: Een AI-schrijfassistent voor het maken van realistische en boeiende dialogen tussen personages.
- **Aanpak**: Gebruik op scenario's gebaseerde prompts om gesprekken tussen personages te simuleren, zodat schrijvers authentieke interacties kunnen creëren.
- **Voorbeeldprompt**: "Schrijf een dialoog tussen twee personages: een rechercheur die een verdachte ondervraagt in een overvalzaak met hoge inzet. De rechercheur probeert de verdachte ertoe te brengen kritieke informatie te onthullen, terwijl de verdachte ontwijkend en defensief is."
- **Resultaat**: Deze prompt helpt schrijvers bij het creëren van dynamische en spanningsvolle dialogen die de plot bevorderen en karakterrelaties ontwikkelen.

Samenvatting

Geavanceerde prompt engineering-technieken bieden krachtige tools voor het verfijnen van AI-interacties en het bereiken van nauwkeurigere en relevantere resultaten. Door gebruik te maken van contextuele prompts, iteratieve prompts, chain of thought-prompts, op rollen gebaseerde prompts, op scenario's gebaseerde prompts, multi-turn prompts, voorwaardelijke prompts en prompt chaining, kunt u de kwaliteit van AI-reacties in verschillende toepassingen verbeteren. Door continue probleemoplossing en verfijning kunt u deze technieken onder de knie krijgen en AI ten volle benutten.

Oefeningen Hoofdstuk 4

Oefening 1: Iteratieve verfijning

- **Taak**: Begin met een basisprompt en verfijn deze iteratief om de uitvoer te verbeteren.
- **Aanvankelijke prompt**: "Vertel me een verhaal."
- **Verfijnde prompt**: "Vertel me een kort verhaal over een dappere ridder die een koninkrijk redt van een draak."

Oefening 2: Multi-Turn Prompts

- **Taak**: Ontwikkel een reeks gerelateerde prompts om een samenhangend verhaal op te bouwen.
- **Vragen**:
    - "Beschrijf de setting van een middeleeuwse fantasiewereld."
    - "Stel de hoofdpersoon voor die een ridder is."
    - "Leg de zoektocht uit die de ridder moet ondernemen."

Oefening 3: Op rollen gebaseerde prompts

- **Taak**: Wijs de AI een specifieke rol toe om zijn reactie te verbeteren.
- **Prompt**: "Geef als financieel adviseur beleggingsadvies aan een jonge professional die wil sparen voor zijn pensioen."

Hoofdstuk 5: Praktische toepassingen

Introductie

Nu we de basisconcepten en geavanceerde technieken van prompt engineering hebben behandeld, is het tijd om praktische toepassingen te verkennen. Dit hoofdstuk laat zien hoe prompt engineering kan worden toegepast in verschillende real-world scenario's, waarbij de veelzijdigheid en effectiviteit ervan in verschillende industrieën en gebruiksscenario's wordt gedemonstreerd.

Business en marketing

Automatisering van klantenondersteuning

- **Scenario**: Automatisering van de klantenondersteuning voor een e-commerceplatform.
- **Aanpak**: Gebruik op rollen gebaseerde prompts om veelvoorkomende vragen af te handelen, zoals het volgen van bestellingen, retourzendingen en productinformatie.
- **Voorbeeldprompt**: "Reageer als klantenservicemedewerker op een klant die vraagt naar de status van zijn bestelling die vorige week is geplaatst."
- **Resultaat**: Verbeterde efficiëntie en klanttevredenheid door tijdige en nauwkeurige reacties.
- **Marktanalyse en rapporten**:

  - **Scenario**: Genereren van marktanalyserapporten voor een marketingteam.

- o **Aanpak**: Gebruik contextuele en gedachtegangers om de AI te begeleiden bij het verzamelen en analyseren van marktgegevens.
- o **Voorbeeldprompt**: "Analyseer de huidige markttrends voor elektrische voertuigen en geef een samenvatting van de belangrijkste factoren die de marktgroei stimuleren."
- o **Resultaat**: Uitgebreide en inzichtelijke marktrapporten die helpen bij strategische besluitvorming.

Onderwijs en opleiding

Content Creatie

- **Scenario**: Ontwikkelen van educatief materiaal voor online cursussen.
- **Aanpak**: Gebruik multi-turn en gedachtegang om gestructureerde lesplannen, quizzen en interactieve activiteiten te maken.
- **Voorbeeldprompt**: "Maak een lesplan om middelbare scholieren te onderwijzen over de watercyclus, inclusief doelstellingen, activiteiten en beoordelingsmethoden."
- **Resultaat**: Hoogwaardige, boeiende educatieve inhoud die de leerervaringen van studenten verbetert.
- **Gepersonaliseerd leren**:
  - o **Scenario**: Het bieden van persoonlijke begeleiding en ondersteuning voor studenten.
  - o **Aanpak**: Gebruik op scenario's en rollen gebaseerde prompts om bijlessessies te simuleren en hulp op maat te bieden.
  - o **Voorbeeldprompt**: "Leg als wiskundeleraar het concept van kwadratische vergelijkingen uit aan een leerling die worstelt met het onderwerp."
  - o **Resultaat**: Effectieve en gepersonaliseerde leerondersteuning die inspeelt op de individuele behoeften van studenten.

Creatieve Industrie

Schrijven en content genereren

- **Scenario**: Schrijvers helpen bij het ontwikkelen van verhalen, artikelen en andere creatieve inhoud.
- **Aanpak**: Gebruik op scenario's gebaseerde en op rollen gebaseerde prompts om de AI te begeleiden bij het genereren van creatieve ideeën en inhoud.
- **Voorbeeldprompt**: "Schrijf de openingsscène van een sciencefictionroman die zich afspeelt in een futuristische stad waar mensen en robots naast elkaar bestaan."
- **Resultaat**: Verbeterde creativiteit en productiviteit voor schrijvers, wat leidt tot het creëren van boeiende en originele inhoud.
- **Scenarioschrijven en storyboarden**:

- Scenario: Assisteren van scenarioschrijvers bij het ontwikkelen van scripts en storyboards voor films en tv-shows.
- Aanpak: Gebruik prompts met meerdere beurten om personageprofielen, verhaallijnen en dialogen op te bouwen.
- Voorbeeldprompt: "Maak een personageprofiel voor de hoofdpersoon van een misdaadthriller, inclusief hun achtergrond, motivaties en belangrijkste eigenschappen."
- Resultaat: Goed ontwikkelde personages en boeiende verhaallijnen die de kwaliteit van scripts en storyboards verbeteren.

Gezondheidszorg

Patiëntenondersteuning en informatie

- **Scenario**: Het verstrekken van informatie en ondersteuning aan patiënten over medische aandoeningen en behandelingen.
- **Aanpak**: Gebruik op rollen gebaseerde prompts om gesprekken tussen zorgverleners en patiënten te simuleren.
- **Voorbeeldprompt**: "Leg als zorgverlener de behandelingsopties voor diabetes type 2 uit aan een nieuw gediagnosticeerde patiënt."
- **Resultaat**: Duidelijke en informatieve antwoorden die patiënten helpen hun medische toestand en behandelplannen te begrijpen.

Medisch onderzoek en documentatie

- **Scenario**: Assisteren van onderzoekers bij het samenstellen en documenteren van medische onderzoeksresultaten.
- **Aanpak**: Gebruik contextuele prompts om samenvattingen en rapporten te genereren op basis van onderzoeksgegevens.
- **Voorbeeldprompt**: "Vat de bevindingen samen van een recent onderzoek naar de effectiviteit van een nieuw vaccin tegen griep."
- **Resultaat**: Nauwkeurige en beknopte onderzoekssamenvattingen die helpen bij de verspreiding van medische kennis.

Technologie en ontwikkeling

Codegeneratie en documentatie

- **Scenario**: Assisteren van softwareontwikkelaars bij het schrijven en documenteren van code.

- **Aanpak**: Gebruik een gedachtegang en op rollen gebaseerde prompts om codefragmenten en technische documentatie te genereren.
- **Voorbeeldprompt**: "Schrijf een Python-functie die een lijst met gehele getallen in oplopende volgorde sorteert en documenteer het gebruik ervan met voorbeelden."
- **Resultaat**: Efficiënte codegeneratie en duidelijke documentatie ter ondersteuning van softwareontwikkelingsprojecten.

Problemen oplossen en technische ondersteuning

- **Scenario**: Technische ondersteuning bieden voor het oplossen van software- en hardware problemen.
- **Aanpak**: Gebruik op scenario's gebaseerde prompts om interacties met technische ondersteuning te simuleren en oplossingen aan te bieden.
- **Voorbeeldprompt**: "Begeleid als medewerker van de technische ondersteuning een gebruiker bij het oplossen van problemen met de wifi-verbinding."
- **Resultaat**: Effectieve technische ondersteuning die problemen snel oplost en de gebruikerstevredenheid verbetert.

Juridisch en naleving

Beoordeling en analyse van documenten

- **Scenario**: Assisteren van juridische professionals bij het beoordelen en analyseren van juridische documenten.
- **Aanpak**: Gebruik contextuele en gedachtegang om samenvattingen te genereren en belangrijke punten te markeren.
- **Voorbeeldprompt**: "Bekijk dit contract en vat de belangrijkste algemene voorwaarden samen, waarbij eventuele juridische problemen worden benadrukt."
- **Resultaat**: Efficiënte en nauwkeurige documentbeoordeling die juridische professionals ondersteunt bij hun werk.
- **Juridisch onderzoek en schrijven**:
    - **Scenario**: Assisteren bij juridisch onderzoek en het schrijven van briefings, memo's en rapporten.
    - **Aanpak**: Gebruik multi-turn prompts om informatie te verzamelen, juridische precedenten te analyseren en juridische documenten op te stellen.
    - **Voorbeeldprompt**: "Onderzoek en vat recente jurisprudentie over intellectuele eigendomsrechten in de tech-industrie samen."
    - **Resultaat**: Uitgebreide en goed onderbouwde juridische documenten die helpen bij juridische procedures en besluitvorming.

Samenvatting

De praktische toepassingen van prompt engineering zijn enorm en gevarieerd en bestrijken meerdere industrieën en gebruiksscenario's. Door gebruik te maken van geavanceerde technieken zoals contextuele prompts, iteratieve prompts, gedachtekettingprompts, op rollen gebaseerde prompts, op scenario's gebaseerde prompts, multi-turn prompts, voorwaardelijke prompts en prompt chaining, kunt u de effectiviteit en relevantie van door AI gegenereerde antwoorden verbeteren. Of u nu werkzaam bent in het bedrijfsleven, het onderwijs, de creatieve industrie, de gezondheidszorg, technologie of de juridische sector, het beheersen van prompt engineering kan nieuwe mogelijkheden ontsluiten en innovatie stimuleren.

Oefeningen Hoofdstuk 5

Oefening 1: Zakelijke use case

- **Taak**: Vraag de AI om een marktanalyserapport voor elektrische voertuigen te maken.
- **Prompt**: "Analyseer de huidige markttrends voor elektrische voertuigen en vat de belangrijkste factoren samen die de marktgroei stimuleren."

Oefening 2: Educatieve inhoud

- **Taak**: Laat de AI een lesplan maken voor het onderwijzen van de watercyclus aan basisschoolleerlingen.
- **Prompt**: "Maak een lesplan om basisschoolleerlingen te onderwijzen over de watercyclus, inclusief doelstellingen, activiteiten en beoordelingsmethoden."

Oefening 3: Creatief schrijven

- **Taak**: Vraag de AI om de openingsscène te schrijven van een sciencefictionroman die zich afspeelt in een futuristische stad.
- **Prompt**: "Schrijf de openingsscène van een sciencefictionroman die zich afspeelt in een futuristische stad waar mensen en robots naast elkaar bestaan."

Hoofdstuk 6: Veelvoorkomende valkuilen en probleemoplossing

Introductie

Hoewel prompt engineering de mogelijkheden van AI-modellen aanzienlijk kan verbeteren, brengt het ook zijn eigen uitdagingen met zich mee. In dit hoofdstuk identificeren we veelvoorkomende valkuilen die u kunt tegenkomen en bieden we strategieën voor het oplossen van problemen en het verfijnen van uw prompts om de best mogelijke resultaten te bereiken.

Veelvoorkomende valkuilen bij Prompt Engineering

Dubbelzinnigheid

- **Probleem**: Vage of onduidelijke aanwijzingen kunnen leiden tot irrelevante of onnauwkeurige antwoorden.
- **Voorbeeld**: "Vertel me over het weer."
- **Oplossing**: Wees specifiek. Geef de locatie en het type weersinformatie op dat u nodig heeft.
- **Verbeterde prompt**: "Geef me de huidige weersvoorspelling voor New York City, inclusief temperatuur en neerslag."

Te complex

- **Probleem**: Te complexe prompts kunnen de AI in verwarring brengen en resulteren in uitvoer van slechte kwaliteit.
- **Voorbeeld**: "Leg de historische ontwikkeling, economische impact en toekomstperspectieven van hernieuwbare energie in de mondiale context uit."
- **Oplossing**: Splits de prompt op in eenvoudigere, beter beheersbare delen.
- **Verbeterde prompts**:
  - "Leg de historische ontwikkeling van hernieuwbare energie uit."
  - "Bespreek de economische impact van hernieuwbare energie."
  - "Beschrijf de toekomstperspectieven van hernieuwbare energie."

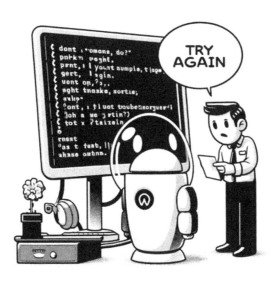

Gebrek aan context

- **Probleem**: Zonder voldoende context kan de AI moeite hebben om relevante antwoorden te genereren.
- **Voorbeeld**: "Wat zijn de voordelen?"
- **Oplossing**: Zorg voor de nodige context om de AI te sturen.
- **Verbeterde prompt**: "Wat zijn de voordelen van een uitgebalanceerd dieet voor de algehele gezondheid?"

Vooringenomenheid en ethische bezwaren

- **Probleem**: AI-modellen kunnen onbedoeld vooroordelen weerspiegelen die aanwezig zijn in de trainingsgegevens.
- **Voorbeeld**: bevooroordeelde prompts die leiden tot stereotiepe of oneerlijke reacties.
- **Oplossing**: Gebruik neutrale en inclusieve taal. Bekijk en pas prompts aan om vooringenomenheid te minimaliseren.
- **Verbeterde prompt**: "Beschrijf de bijdragen van verschillende culturen aan wereldwijde technologische vooruitgang."

Over Specificatie

- **Probleem**: Zeer specifieke prompts kunnen het vermogen van de AI om uitgebreide antwoorden te geven beperken.

- **Voorbeeld**: "Beschrijf de voordelen van appels voor een gezond gebit."
- **Oplossing**: Verbreed het toepassingsgebied om een gedetailleerder antwoord mogelijk te maken.
- **Verbeterde prompt**: "Beschrijf de gezondheidsvoordelen van het eten van appels."

Prompts voor probleemoplossing en verfijning

AI-reacties analyseren

- **Tip**: Bekijk de reacties van de AI zorgvuldig om patronen of veelvoorkomende problemen te identificeren. Dit kan u helpen gebieden aan te wijzen waar de prompt moet worden verbeterd.
- **Voorbeeld**: Als de AI consequent off-topic antwoorden geeft, overweeg dan of de prompt te vaag is of de nodige context mist.

Iteratief testen

- **Tip**: Gebruik een iteratieve aanpak om uw prompts te verfijnen. Begin met een basisprompt en pas deze geleidelijk aan op basis van de antwoorden van de AI.
- **Voorbeeld**: Begin met een algemene prompt en voeg indien nodig specificiteit of context toe om de nauwkeurigheid te verbeteren.
- **Initiële prompt**: "Leg fotosynthese uit."
- **Verfijnde prompt**: "Leg het proces van fotosynthese in planten uit, inclusief de rol van zonlicht en chlorofyl."

Voorbeelden en sjablonen gebruiken

- **Tip**: Geef voorbeelden in uw prompts om de AI te begeleiden en uw verwachtingen te verduidelijken.
- **Voorbeeld**: "Schrijf een zakelijke e-mail met het verzoek om een vergadering zoals in dit voorbeeld: 'Beste [ontvanger], ik hoop dat dit bericht u goed vindt. Ik wil graag een afspraak maken om ons aankomende project te bespreken. Laat me je beschikbaarheid weten. Met vriendelijke groet, [Uw naam]'"

Feedback vragen

- **Tip**: Verzamel feedback van gebruikers die interactie hebben met de AI. Hun inzichten kunnen u helpen zwakke punten in uw prompts te identificeren en verbeterpunten voor te stellen.
- **Voorbeeld**: Als gebruikers melden dat de antwoorden van de AI te algemeen zijn, overweeg dan om meer context of specificiteit aan uw prompts toe te voegen.

Prompt koppeling

- **Tip**: Koppel meerdere prompts aan elkaar om context op te bouwen en de AI door complexe taken te leiden.
- **Voorbeeld**: Gebruik een reeks prompts om verschillende aspecten van een onderwerp te behandelen.
- **Prompt keten**:
    - "Beschrijf de basisprincipes van machine learning."
    - "Leg het verschil uit tussen begeleid en niet-begeleid leren."
    - "Geef een voorbeeld van een real-world toepassing van machine learning."

Casestudy's en voorbeelden uit de praktijk

Casestudy 1: Chatbot voor klantenondersteuning

- **Probleem**: de chatbot gaf algemene antwoorden op vragen van klanten.
- **Oplossing**: de prompts zijn verfijnd om specifieke instructies en voorbeelden op te nemen.
- **Voor**: "Help de klant met zijn probleem."
- **Na**: "Geef als klantenservicemedewerker een gedetailleerd antwoord aan een klant die vraagt hoe hij zijn wachtwoord opnieuw kan instellen. Voeg stapsgewijze instructies toe."

Casestudy 2: Creatie van educatieve inhoud

- **Probleem**: Het door AI gegenereerde onderwijsmateriaal was niet boeiend genoeg voor studenten.
- **Oplossing**: op scenario's gebaseerde prompts gebruikt om interactievere en boeiendere inhoud te maken.
- **Vóór**: "Leg de waterkringloop uit."
- **Na**: "Maak een verhaal over de reis van een waterdruppel door de watercyclus, waarbij elke fase van verdamping tot neerslag wordt beschreven."

Samenvatting

Prompt engineering is een iteratief en dynamisch proces dat zorgvuldige afweging en verfijning vereist. Door veelvoorkomende valkuilen zoals ambiguïteit, overcomplexiteit, gebrek aan context, vooringenomenheid en overspecificatie te begrijpen en aan te pakken, kunt u de effectiviteit van uw prompts verbeteren. Door gebruik te maken van strategieën voor probleemoplossing, zoals het analyseren van AI-reacties, iteratief testen, het gebruik van voorbeelden, het vragen om feedback en promptketening, kunt u uw prompts verfijnen en nauwkeurigere en relevantere AI-output bereiken.

Met deze vaardigheden en technieken bent u goed uitgerust om de uitdagingen van prompt engineering aan te gaan en AI ten volle te benutten in verschillende toepassingen in de echte wereld. Blijf experimenteren, verfijnen en leren, en u zult uw vermogen blijven verbeteren om effectieve prompts te maken die zinvolle en impactvolle AI-interacties stimuleren.

Oefeningen Hoofdstuk 6

Oefening 1: Ambiguïteit aanpakken

- **Taak**: Geef een vage prompt en vraag de AI om deze te verbeteren voor de duidelijkheid.
- **Prompt**: "Praat over technologie."
- **Verbeterde prompt**: "Bespreek de impact van kunstmatige intelligentie op de moderne gezondheidszorg."

Oefening 2: Complexiteit verminderen

- **Taak**: Vereenvoudig een te complexe prompt.
- **Prompt**: "Leg de historische ontwikkeling, economische impact en toekomstperspectieven van hernieuwbare energie in de mondiale context uit."
- **Vereenvoudigde aanwijzingen**:
    - "Leg de historische ontwikkeling van hernieuwbare energie uit."
    - "Bespreek de economische impact van hernieuwbare energie."
    - "Beschrijf de toekomstperspectieven van hernieuwbare energie."

Oefening 3: Context toevoegen

- **Taak**: Geef een prompt zonder context en vraag de AI om deze te verbeteren.
- **Prompt**: "Wat zijn de voordelen?"
- **Verbeterde prompt**: "Wat zijn de voordelen van een uitgebalanceerd dieet voor de algehele gezondheid?"

Hoofdstuk 7: Prompts voor creatieve media

Introductie

Creatieve media, zoals afbeeldingen, muziek en video's, worden steeds vaker gegenereerd met behulp van AI. Inzicht in het maken van effectieve prompts voor deze media kan de mogelijkheden van AI uitbreiden en nieuwe wegen openen voor creatieve expressie. In dit hoofdstuk worden technieken en voorbeelden onderzocht voor het genereren van prompts op deze gebieden.

Prompts voor het genereren van afbeeldingen

AI-modellen kunnen verbluffende beelden creëren op basis van goed gemaakte prompts. Hier zijn enkele belangrijke elementen en technieken voor het schrijven van effectieve afbeeldingsprompts.

Belangrijkste elementen Beeldgenreatie

- **Duidelijkheid**: Beschrijf de afbeelding duidelijk, inclusief belangrijke elementen en details.
- **Context**: Geef context voor de afbeelding, zoals de setting, het tijdstip van de dag en de stemming.
- **Specificiteit**: Specificeer de stijl, kleuren en compositie.

Voorbeelden van het genereren van afbeeldingen

Eenvoudige prompt

- **Prompt**: "Genereer een afbeelding van een zonsondergang boven een strand."
- **AI-uitvoer**: een levendig beeld van een strand met een levendige zonsondergang, tinten oranje en roze die weerkaatsen op het kalme water.

Gedetailleerde prompt

- **Prompt**: "Maak een afbeelding van een zonsondergang boven een tropisch strand met palmbomen die zich aftekenen tegen de kleurrijke lucht, reflecterend op het kalme oceaanwater."
- **AI-uitvoer**: een afbeelding met een gedetailleerde tropische omgeving, palmbomen op de voorgrond, een kleurrijke zonsondergang en een weerspiegeling van de oceaan.

Stilistische prompt

- **Prompt**: " Teken een fantasielandschap in Limburg in de stijl van VIncent van Gogh."
- **AI-uitvoer**: Een grillig, gedetailleerd landschap dat doet denken aan de kunststijl van Vincent van Gogh, dat doet denken aan Limburg.

Prompts voor het genereren van muziek

Het maken van prompts voor AI om muziek te genereren, omvat het specificeren van genres, instrumenten, stemming en tempo. Hier leest u hoe u het aanpakt.

Belangrijkste elementen Muziekgeneratie

- **Genre**: Definieer het genre van de muziek (bijv. klassiek, jazz, pop).
- **Instrumenten**: Specificeer de te gebruiken instrumenten.
- **Stemming**: Beschrijf de stemming of emotie die de muziek moet overbrengen.
- **Tempo**: Geef het tempo of tempo van de muziek aan.

Voorbeelden Muziekgeneratie

- **Eenvoudige prompt**:
  - **Prompt**: "Componeer een jazzstuk met een saxofoonsolo."
  - **AI Output**: Een soepele, geïmproviseerde jazztrack met een prominente saxofoonsolo.
- **Gedetailleerde prompt**:
  - **Prompt**: "Maak een klassiek pianostuk dat langzaam en melancholisch is, geschikt voor een reflectieve scène in een film."
  - **AI Output**: Een langzame, emotionele pianocompositie die een gevoel van melancholie en reflectie oproept.
- **Op stemming gebaseerde prompt**:
  - **Prompt**: "Genereer een vrolijke, energieke popsong met elektronische beats en pakkende melodieën."
  - **AI Output**: Een levendig popnummer met elektronische ritmes, energieke beats en een pakkende melodielijn.

Prompts voor het genereren van video's

Prompts voor het genereren van video's moeten elementen van zowel afbeelding als tekst combineren om de AI te begeleiden bij het creëren van coherente en boeiende video-inhoud.

Belangrijkste elementen

- **Scènebeschrijving**: Beschrijf de scènes in detail, inclusief de setting en personages.
- **Actie**: Geef de acties of gebeurtenissen op die in de video plaatsvinden.
- **Dialoog**: Voeg indien nodig een dialoog of gesproken tekst toe.
- **Stijl**: Geef de visuele stijl en toon van de video aan.

Voorbeelden Video Generatie

Eenvoudige prompt

- **Prompt**: "Maak een korte video van een kat die met een bol garen speelt."
- **AI-uitvoer**: Een korte, charmante video van een kat die speels bezig is met een bol garen en verschillende hoeken en bewegingen vastlegt.

Gedetailleerde prompt

- **Prompt**: "Genereer een geanimeerde video van 2 minuten van een futuristische stad 's nachts met vliegende auto's en neonlichten, waarin een hoofdrolspeler door de drukke straten navigeert."
- **AI-uitvoer:** een gedetailleerde geanimeerde video die 's nachts een futuristisch stadsbeeld laat zien met levendige neonlichten, vliegende auto's en een hoofdrolspeler die zich door de bruisende omgeving beweegt.

Verhalende prompt

- **Prompt**: "Maak een korte video over een dag uit het leven van een superheld, met scènes waarin ze mensen redden, interactie hebben met hun sidekick en hun aartsvijand onder ogen zien, allemaal met dynamische actiescènes en dramatische muziek."
- **AI-uitvoer**: een dynamische, verhalende video die verschillende scènes uit de tijd van een superheld vastlegt, waaronder heroïsche reddingen, sidekick-interacties en een climax met een aartsvijand, vergezeld van een dramatische soundtrack.

Casestudy's en voorbeelden uit de praktijk

Voeg casestudy's en voorbeelden toe van hoe deze prompts zijn gebruikt in toepassingen in de echte wereld. Dit kan inhouden dat projecten worden gepresenteerd waarbij door AI gegenereerde afbeeldingen, muziek of video's met succes zijn geïntegreerd in creatieve workflows.

Casestudy: AI in reclame

- **Scenario**: Een reclamebureau gebruikt AI om visuals en achtergrondmuziek te genereren voor een nieuwe campagne.
- **Aanpak**: Gedetailleerde aanwijzingen gebruiken om de AI te begeleiden bij het maken van samenhangende en visueel aantrekkelijke advertenties.
- **Resultaat**: Verbeterde creativiteit en efficiëntie bij het produceren van advertenties van hoge kwaliteit die resoneren met de doelgroep.

Casestudy: AI bij het maken van inhoud

- **Scenario**: Een maker van inhoud gebruikt AI om muziek en video te genereren voor zijn online platform.
- **Aanpak**: Gebruik genres en op stemming gebaseerde prompts om boeiende achtergrondmuziek en dynamische video's te maken.
- **Resultaat**: Verhoogde betrokkenheid en volgersgroei dankzij unieke en consistente output.

Oefeningen Hoofdstuk 7

Oefening 1: Scenarioschrijven met AI

- **Taak**: Gebruik een gratis AI-tool om een script te genereren voor een korte film of een scène uit een toneelstuk.
- **Prompt**: "Schrijf een dialoog tussen twee personages: de ene is een ervaren rechercheur en de andere is een beginnende agent die een nieuwe zaak bespreekt."
- **Suggestie**: Gebruik AI Dungeon of Google's Gemini om het script te genereren. AI Dungeon is beschikbaar op: https://aidungeon.com/

Oefening 2: Karakterontwikkeling

- **Taak**: Maak gedetailleerde karakterprofielen met behulp van een gratis AI-tool.
- **Prompt**: "Maak een personageprofiel voor een hoofdpersoon in een sciencefictionroman, inclusief hun achtergrond, persoonlijkheidskenmerken en belangrijkste motivaties."
- **Suggestie**: Gebruik ChatGPT op de website van OpenAI of gratis proefversies van platforms zoals NovelAI die u kunt vinden op https://novelai.net/

Oefening 3: Storyboarding en plotontwikkeling

- **Taak**: Gebruik een AI-tool om een storyboard of plot voor een nieuw creatief project te schetsen.
- **Prompt**: "Maak een storyboard voor een korte animatiefilm over een jonge uitvinder die een tijdmachine maakt."
- **Suggestie**: Gebruik tools zoals Storybird voor visuele storyboarding of Plot Generator voor op tekst gebaseerde plotontwikkeling. Plot Generator is beschikbaar op: https://www.plot-generator.org.uk/ en Storybird is hier: https://storybird.com/

Oefening 4: Schrijf een nummer 1-hit

- **Taak**: Gebruik een AI-tool om een nummer te genereren in uw favoriete stijl, over uw favoriete onderwerp.
- **Prompt**: "Maak een nummer in de stijl van rock uit de jaren 80, over een eerste date met Veronica."
- **Suggestie**: Op het moment van schrijven zijn er twee geweldige en gratis te proberen AI-muziekgeneratoren: Suno, beschikbaar op: https://suno.com/ en Udio, beschikbaar op: https://www.udio.com/

Hoofdstuk 8: Ethische overwegingen bij Prompt Engineering

Introductie

Vooringenomenheid in AI-gegenereerde inhoud kan de eerlijkheid en inclusiviteit van de output aanzienlijk beïnvloeden. Als prompt engineer is het van cruciaal belang om prompts te maken die vooringenomenheid minimaliseren en billijke resultaten bevorderen. Dit hoofdstuk onderzoekt verschillende soorten vooroordelen en biedt strategieën om ze aan te pakken vanuit het perspectief van prompt engineering.

Soorten vooringenomenheid in AI

Vooringenomenheid (bias) van gegevens

- Er is sprake van databias wanneer de trainingsgegevens die voor AI-modellen worden gebruikt, niet representatief zijn voor de populatie of historische vooringenomenheden bevatten. Dit kan leiden tot bevooroordeelde output.

Algoritmische vooringenomenheid

- Algoritmische vooringenomenheid wordt geïntroduceerd door het ontwerp en de structuur van de algoritmen zelf, waardoor bepaalde uitkomsten kunnen worden bevoordeeld ten opzichte van andere.

Selectie Bias

- Selectiebias treedt op wanneer de gegevens die worden gebruikt om AI-modellen te trainen, niet willekeurig worden geselecteerd en niet nauwkeurig de populatie vertegenwoordigen waarnaar ze willen generaliseren.

Bevestiging bias

- Confirmation bias treedt op wanneer het AI-systeem bestaande biases in de trainingsgegevens versterkt, wat leidt tot output die die bias weerspiegelen.

Vooringenomenheid in prompts identificeren

Vooringenomenheid in prompts kan leiden tot AI-output die oneerlijk of discriminerend is. Het identificeren van potentiële bronnen van vooringenomenheid in prompts is de eerste stap in de richting van het creëren van rechtvaardigere AI-gegenereerde inhoud.

Veelvoorkomende bronnen van vooringenomenheid in prompts

Taal en terminologie

- Het gebruik van bevooroordeelde of beladen taal kan leiden tot bevooroordeelde output.
- **Voorbeeld**: "Beschrijf de kenmerken van een succesvolle zakenman" kan genderstereotypen versterken.

Culturele aannames

- Prompts die uitgaan van bepaalde culturele normen kunnen andere culturen uitsluiten of verkeerd voorstellen.
- **Voorbeeld**: "Wat eten mensen meestal als ontbijt?" zonder een regio te specificeren, kan leiden tot cultureel bevooroordeelde reacties.

Ondervertegenwoordiging

- Prompts die diverse groepen niet adequaat vertegenwoordigen, kunnen leiden tot uitvoer die deze groepen over het hoofd ziet.
- **Voorbeeld**: Vragen naar "beroemde wetenschappers" zou in de eerste plaats westerse wetenschappers kunnen opsommen als ze niet worden geleid om wereldwijde bijdragen te overwegen.

Technieken voor het verminderen van vooringenomenheid in prompts

1. **Gebruik inclusieve taal**
   - Maak prompts die neutrale en inclusieve taal gebruiken om te voorkomen dat stereotypen worden versterkt of bepaalde groepen worden uitgesloten.
   - **Voorbeeld**: In plaats van 'Beschrijf de dagelijkse routine van een huisvrouw', gebruik 'Beschrijf de dagelijkse routine van iemand die huishoudelijke verantwoordelijkheden beheert'.

2. **Zorg voor context en specificiteit**
   - Geef specifieke context om ervoor te zorgen dat de AI de diversiteit binnen het onderwerp begrijpt.
   - **Voorbeeld**: In plaats van 'Wat zijn populaire vakantietradities?' specificeert u 'Wat zijn populaire vakantietradities in verschillende culturen over de hele wereld?'

3. **Bevorder een diverse vertegenwoordiging**
   - Neem expliciet diverse voorbeelden en perspectieven op in uw prompts om de AI aan te moedigen evenwichtige antwoorden te genereren.
   - **Voorbeeld**: "Beschrijf de bijdragen van verschillende culturen aan wereldwijde technologische vooruitgang."

4. **Houd rekening met historische vooroordelen**
   - Erken historische vooroordelen in gegevens en vraag contexten aan en werk er actief aan om deze tegen te gaan.
   - **Voorbeeld**: Als u vraagt naar voorbeelden van leiders in technologie, zorg er dan voor dat de prompt niet alleen mannelijke figuren uit westerse landen benadrukt.

Vooringenomenheid detecteren en beperken in Prompt Engineering

1. **Beoordelings- en testprompts**
   - Bekijk en test uw prompts regelmatig om eventuele vooroordelen te identificeren en aan te pakken. Dit kan inhouden dat feedback wordt gevraagd aan verschillende groepen gebruikers.
   - **Voorbeeld**: Test een prompt waarin wordt gevraagd naar opmerkelijke prestaties in de wetenschap om er zeker van te zijn dat deze een breed scala aan individuen belicht.

2. **Iteratieve verfijning**
   - Gebruik een iteratieve aanpak om prompts te verfijnen op basis van AI-output. Pas de formulering en context aan om bevooroordeelde reacties te verminderen.
   - **Voorbeeld**: Als een prompt over 'succesvolle ondernemers' voornamelijk mannen bevat, verfijn dan de prompt om een evenwichtigere weergave te garanderen.

3. **Bewustwording en training**
   - Blijf op de hoogte van veelvoorkomende vooroordelen en hoe deze zich kunnen manifesteren in AI-outputs. Regelmatige training en opleiding over

vooringenomenheidsbewustzijn kan het snel maken van vaardigheden verbeteren.

- o **Voorbeeld**: Neem deel aan workshops en trainingssessies gericht op het herkennen en beperken van vooroordelen in AI.

4. **Vooringenomenheid positief benutten**
   - o Erken dat vooroordelen niet altijd negatief hoeven te zijn. In sommige contexten kunnen vooroordelen worden gebruikt om stereotypen uit te dagen en positieve verandering te bevorderen.
   - o **Voorbeeld**: Het weglaten van ras als discriminator in door AI gegenereerde afbeeldingen kan resulteren in diverse en inclusieve representaties, zoals het genereren van afbeeldingen van een zwarte paus, die bestaande vooroordelen en normen kunnen uitdagen.

Casestudy: Vooringenomenheid en diversiteit bij het genereren van afbeeldingen

- **Scenario**: Een AI-beeldgenerator werd getraind zonder parameters voor raciale vooroordelen, wat resulteerde in het genereren van diverse afbeeldingen, waaronder een zwarte paus.
- **Resultaat**: Deze casus laat zien hoe het wegnemen van bepaalde vooroordelen kan leiden tot meer inclusieve en representatieve output. Het toont aan hoe belangrijk het is om zorgvuldig te overwegen welke vooroordelen moeten worden verminderd en welke positief moeten worden benut.

Conclusie

Vooringenomenheid in AI is een grote uitdaging, maar prompt engineers spelen een cruciale rol bij het verminderen daarvan. Door inclusief taalgebruik te gebruiken, context te bieden, diverse vertegenwoordiging te bevorderen en prompts voortdurend te herzien en te verfijnen, kunt u vooringenomenheid verminderen en eerlijkere AI-gegenereerde inhoud creëren. Erkennen dat vooroordelen soms positief kunnen worden gebruikt, kan ook helpen bij het bevorderen van diversiteit en het uitdagen van stereotypen.

Oefeningen Hoofdstuk 8

Oefening 1: Vooroordelen identificeren

- **Taak**: Gebruik een gratis AI-tool om reacties op een prompt te genereren en eventuele vooroordelen in de antwoorden te identificeren.
- **Prompt**: "Beschrijf de typische eigenschappen van een goede leider."

- **Activiteit**: Analyseer de reacties op eventuele vooroordelen met betrekking tot gender, etniciteit of culturele stereotypen en bespreek hoe deze kunnen worden verminderd.
- **Suggestie:** Gebruik ChatGPT op de website van OpenAI, Google's Gemini of Claude.

Oefening 2: Inclusieve prompts maken

- **Taak**: Maak prompts die inclusief en vrij van vooringenomenheid zijn.
- **Prompt**: "Schrijf een functiebeschrijving voor een softwareontwikkelaar die diversiteit en inclusie aanmoedigt."
- **Activiteit**: Vergelijk de AI-antwoorden van bevooroordeelde en onbevooroordeelde prompts en bespreek het belang van inclusief taalgebruik.
- **Suggestie:** Gebruik tools zoals Textio (biedt een gratis proefperiode) of Grammarly om de prompts te verfijnen. Textio is beschikbaar op: https://textio.com/ en Grammarly op: https://www.grammarly.com/

Oefening 3: Ethische scenario's

- **Taak**: Gebruik een gratis AI-tool om ethische scenario's in AI-gebruik te verkennen.
- **Prompt**: "Beschrijf een scenario waarin AI onethisch kan worden gebruikt in het wervingsproces en stel oplossingen voor om eerlijkheid te garanderen."
- **Activiteit**: Bespreek de mogelijke ethische kwesties en hoe prompt engineers deze risico's kunnen beperken.
- **Suggestie:** Gebruik ChatGPT op de website van OpenAI of gratis versies van andere AI-platforms zoals AI Dungeon.

Samenvatting

Samenvatting van de belangrijkste punten

In dit boek hebben we de fascinerende wereld van prompt engineering verkend, een cruciale vaardigheid om het volledige potentieel van AI-modellen te benutten, met name op het gebied van natuurlijke taalverwerking (NLP). Laten we de belangrijkste punten samenvatten die in elk hoofdstuk worden behandeld:

- **Inleiding tot AI en NLP**: We begonnen met het begrijpen van de basisprincipes van kunstmatige intelligentie, de soorten ervan en de grondbeginselen van natuurlijke taalverwerking. Deze basis vormde de basis voor een duik in prompt engineering.

- **Inzicht in prompt engineering**: We hebben prompt engineering gedefinieerd en het belang ervan besproken bij het maximaliseren van het AI-potentieel, het verbeteren van de communicatie, het verhogen van de productiviteit en het oplossen van complexe problemen.
- **Effectieve prompts maken**: We hebben de elementen van een goede prompt onderzocht: duidelijkheid, context, specificiteit, beknoptheid en relevantie. Er werden praktische voorbeelden en basisstructuren voor prompts gegeven om u op weg te helpen.
- **Geavanceerde technieken voor prompttechniek**: We hebben ons verdiept in geavanceerde strategieën zoals contextuele prompts, iteratieve prompts, gedachtekettingprompts, op rollen gebaseerde prompts, op scenario's gebaseerde prompts, multi-turn prompts, voorwaardelijke prompts en prompt chaining.
- **Praktische toepassingen**: We hebben laten zien hoe prompt engineering kan worden toegepast in verschillende sectoren, waaronder het bedrijfsleven, het onderwijs, de creatieve industrie, de gezondheidszorg, technologie en juridische gebieden. Voorbeelden uit de praktijk illustreerden de veelzijdigheid en effectiviteit van prompt engineering.
- **Veelvoorkomende valkuilen en probleemoplossing**: We identificeerden veelvoorkomende uitdagingen op het gebied van prompt-engineering en boden strategieën voor het oplossen van problemen en het verfijnen van prompts om de best mogelijke resultaten te bereiken.
- **Prompts voor creatieve media**: We hebben onze focus uitgebreid met prompts voor afbeeldingen, het maken van muziek en video. Technieken en voorbeelden voor het genereren van prompts op deze gebieden werden onderzocht, waarbij de veelzijdigheid van AI op creatieve gebieden werd gedemonstreerd.
- **Vooringenomenheid aanpakken bij Prompt Engineering**: We bespraken het belang van het minimaliseren van vooringenomenheid in door AI gegenereerde inhoud. Technieken voor het maken van onbevooroordeelde prompts, het herkennen van veelvoorkomende bronnen van vooringenomenheid en het bevorderen van eerlijkheid en inclusiviteit kwamen aan bod. Praktische strategieën voor het detecteren en beperken van vooringenomenheid vanuit het perspectief van prompt engineering werden belicht.

De toekomst van Prompt Engineering

Naarmate AI zich blijft ontwikkelen, zullen ook de technieken en toepassingen van prompt engineering evolueren. Op de hoogte blijven van de nieuwste ontwikkelingen op het gebied van AI en NLP is cruciaal voor het onderhouden en verbeteren van uw vaardigheden. Hier zijn enkele toekomstige richtingen om te overwegen:

- **Continu leren**: AI-modellen worden voortdurend verbeterd, met regelmatig nieuwe versies en updates. Blijf leren en experimenteren met nieuwe modellen en technieken om voorop te blijven lopen.

- **Ethische overgingen**: Naarmate AI meer geïntegreerd raakt in ons leven, zullen ethische overwegingen een steeds belangrijkere rol spelen. Zorg ervoor dat uw prompts en AI-toepassingen eerlijk, onbevooroordeeld en inclusief zijn.
- **Samenwerking**: Werk samen met andere AI-beoefenaars, onderzoekers en ontwikkelaars om kennis en best practices te delen. Samenwerking kan leiden tot nieuwe inzichten en innovaties op het gebied van prompt engineering.
- **Maatwerk**: Naarmate AI-modellen toegankelijker worden, zullen er meer mogelijkheden zijn voor maatwerk en verfijning. Stem AI-modellen af op specifieke behoeften en contexten om optimale prestaties te bereiken.

Conclusie

Prompt engineering is zowel een kunst als een wetenschap. Het vereist creativiteit, kritisch denken en een diepgaand begrip van AI-modellen en hun mogelijkheden. Door de technieken en strategieën die in dit boek worden beschreven onder de knie te krijgen, bent u goed uitgerust om AI op innovatieve en impactvolle manieren in te zetten.

Of u nu klantenondersteuning automatiseert, educatieve inhoud creëert, creatief schrijven genereert of marktanalyses uitvoert, prompt engineering kan nieuwe mogelijkheden ontsluiten en succes in uw inspanningen stimuleren. Blijf uw vaardigheden verfijnen, experimenteren met nieuwe benaderingen en de grenzen verleggen van wat u met behulp van AI kan bereiken.

Bedankt voor het aangaan van deze reis in de wereld van prompt engineering. De vaardigheden en kennis die u hebt opgedaan, stellen u in staat om het volledige potentieel van AI te benutten en een betekenisvolle impact te hebben in uw vakgebied.

www.ingramcontent.com/pod-product-compliance
Lightning Source LLC
LaVergne TN
LVHW051749050326
832903LV00029B/2818